Gedruckt auf umweltfreundlichem Papier ohne Chlorbleiche

Gestaltung: Eva Schindler
Redaktion: Bettina Gratzki
Printed in Singapore · 3-7607-1763-2

Von Herzen gute Besserung

Fotos und Texte
(eigene und von ihnen ausgewählte Autoren)
von Kristiane und Volker Wybranietz

arsEdition

Diese zarten Schleifen
ersetzen keinen Verband
und Blütenkränze keine Medizin,

aber wer weiß,
vielleicht wirken
sie doch ein wenig
und tun der Seele gut.

Horizont

Nicht nur Silberstreifen,

sondern alle Farben des

Regenbogens

für dich,

erneut

leuchtend am Horizont.

Besinnung

Pause machen,

Zeit zur Besinnung haben

und neue

Perspektiven finden.

Chance bei Erkrankung!

Humor ist:
mit einer Träne
im Auge
lächelnd
dem Leben beipflichten.

Otto Julius Bierbaum

Humor

Lass nie
die Ohren
hängen.

Hoffnung ist
es, was
uns trägt.

Hoffnung

Körper

Gesundheit und Wohlbefinden

für Körper und Seele

– so wichtig

wie das tägliche Brot.

und
Seele

Butterkuchen Stück 0,37
Mandelbienstich Stück 0,64
Kuchenbrötchen Stück 0,24

Der Mensch

ist ein

Ganzes.

Lass dich nicht

Stück für Stück

– diagnostisch –

zerlegen.

ein

Ganzes

Wer rastet,

der rostet.

Wer aufgibt,

hat schon verloren.

schon
verloren

Wünschen

Wünschen
ist ein
Anzeichen
von Genesung
oder Besserung.

Friedrich Nietzsche

Genesung

Trost

Trost

Wunden heilen
und die Narben
schmerzen später
– wenn überhaupt –
erträglich.

Tränen

gehören zum

Menschsein –

machen sie uns jedoch blind,

sind sie wenig heilsam.

Menschsein

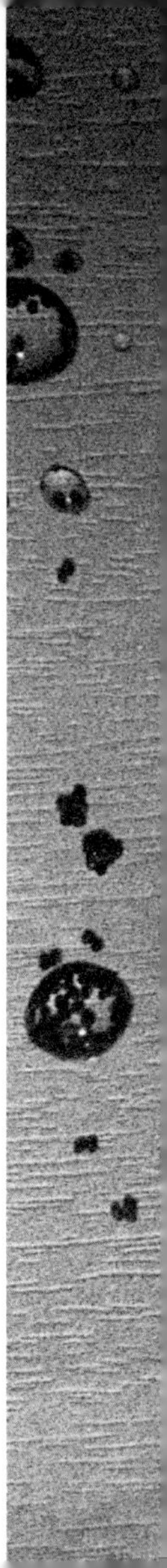

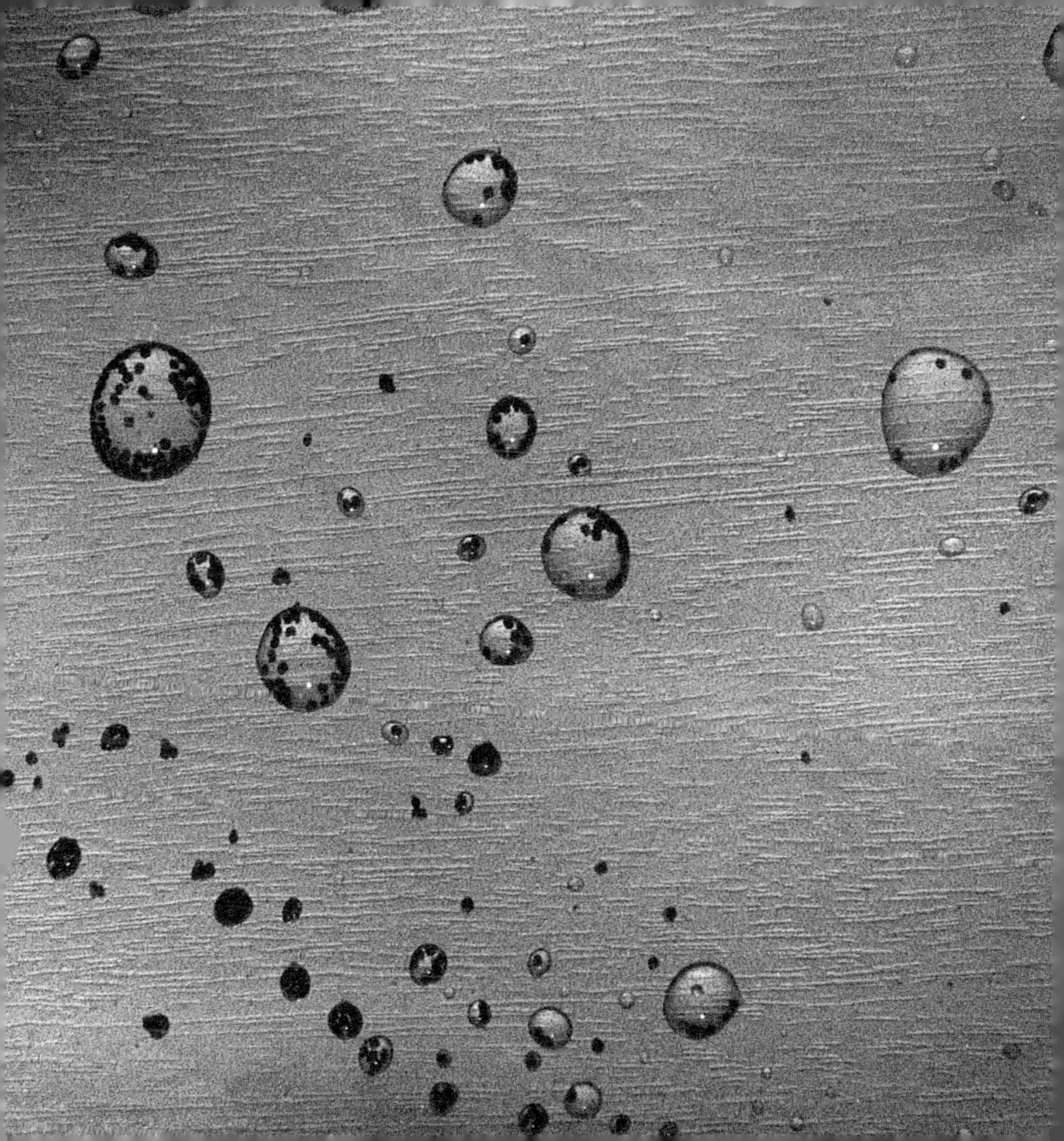

Manchmal

sind es die

klitzekleinen

Begebenheiten,

die uns lächeln machen

und neuen Mut geben.

neuer
Mut

Du weißt ja:

Am Ende eines
jeden Tunnels
findet sich
Licht.

Licht

Zuspruch

Trauere nicht in deinen Einsamkeiten.
Durchleide sie bewusst.
Steh still in ihnen,
bis tiefer Lebensatem
wärmend dich durchzieht.

Dann öffne deine Augen weit,
denn du siehst neue,
nie geahnte Horizonte.

Lilit Pavell

Zuspruch

Das Glück,

das vor der Not kommt,

ist ein verführender Teufel.

Das Glück,

das hinter der Not kommt,

ist ein tröstender Engel.

Johann Heinrich Pestalozzi

Glück

Das Leben

Das Leben zwingt uns
zuweilen
umzubauen,
anzubauen
oder gar ganz neu aufzubauen.

Sei gewiss,
trotz aller Mühen
hat das seinen Sinn.

neu

aufbauen

neue
Richtung

Krankheit

will uns fast

immer sagen,

dass unser Leben

eine neue Richtung braucht.

Krankenhausaufenthalt

Im sterilen Weiß,
in dem sich Zeit und Ort verlieren,
geprägt von Angst
und Ungewissheit,
lebt ein Stück Hoffnung
allein in einer Blume
und einem Lächeln.

Anette Hettche

Stück

Hoffnung

halten und trösten

Gerade wenn wir
schwach sind,
bedürfen wir
eines lieben,
dicken Freundes,
der uns hält
und tröstet.

Versprechungen

Schmerz ist der Arzt,
auf den wir am meisten hören.
Der Güte und der Weisheit
machen wir
nur Versprechungen,
dem Schmerz aber
gehorchen wir.

Marcel Proust

Mit Sonnengold
ein Banner sticken
und es flattern lassen im Wind.

Und die kleine Lerche aussenden,
dass sie meine Jubeltöne
hochträgt mit den ihren
in das weite Blau der Lüfte.

Und die Botschaft
an Rosen heften,
die viellippig künden dann
all meine Freude.

Winfriede Kohlmeigner

en

fest
im Leben
stehen

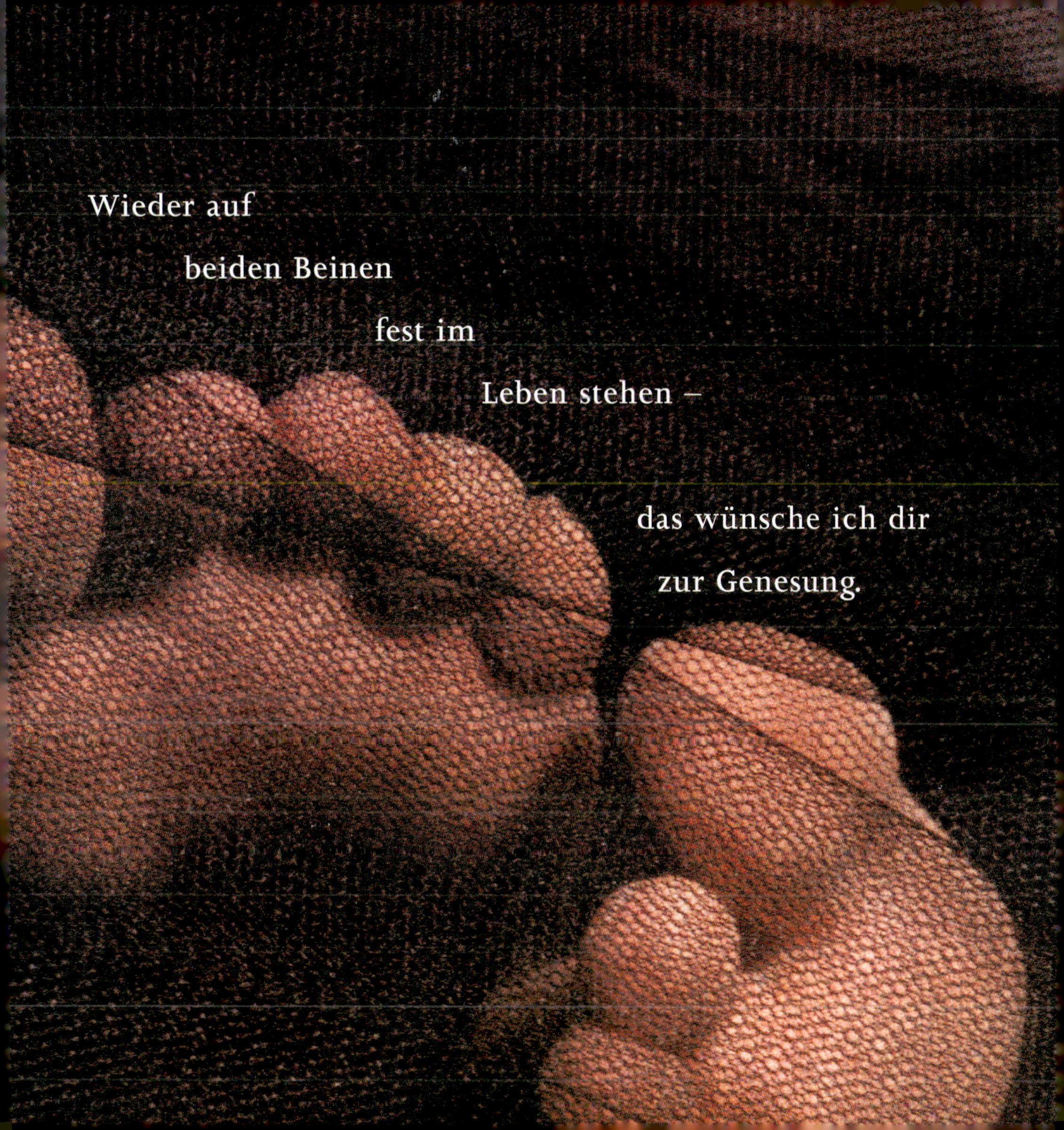

Wieder auf
beiden Beinen
fest im
Leben stehen –

das wünsche ich dir
zur Genesung.

Das Buch für dich